आग़ाज़ ए अल्फ़ाज़

एम॰ जे॰ राइटर्स कम्युनिटी

क्रम-सूची

क्रम-सूची

1. NEVER HAVE I EVER THOUGHT

Never have I ever thought
A day like this would come
Where you would be in front of me
Yet not anywhere near.
Never have I ever thought
My heart would break
And then it would be like broken ribs,
Unbearable pain everytime taking a breath.
Never have I ever thought
I ever would like to
Stay broken
And yet still love you.
Never have I ever thought
Despite inflicting this much pain
I would stay in love
With only you, for the eternity.
Never have I ever thought
Loving you would make me pay
For the rest of my life
With this loneliness and sadness.

Never have I ever thought
All my dreams would shatter
To love you, To live with you
Like the broken pieces of a mirror.
Never have I ever thought
You would be away
And your absence would kill me
With every passing second.
Never have I ever thought
I would bear this much of pain
And yet so much in love
With the same person causing it.
Never have I ever thought
The poets would be proven wrong
They said, 'Love is the only answer'
Yet the one I love is nowhere around.
Never have I ever thought
Despite being broken
My heart will beat
But just for you, till the eternity.
Never have I ever thought
The darkest of nights wouldn't pass
But that's not it, there would be pain also
And broken pieces of my heart.
Never have I ever thought
You wouldn't be in my arms
Even though, it's you, only you

Who resides in my heart.
Never have I ever thought
I would have to smile
Despite knowing
You are no longer in my life.
Never have I ever thought
Despite breathing,
I would feel dead
Not just inside, this time
But outside as well.
Never have I ever thought
I would ask the lord
Why did you do this to me?
And What the hell was my fault?
© mansi gyanani

2. मेरी बातें

छिड़ जाता है उसके हुस्न का तज़किरा अक़्सर सियाह रातों
में।
कोई कह भी देता था बहुत ख़ूबसूरत है वो बातों ही बातों
में।

मैं कहता भी रहता मगर मेरी बातों पर तवज्जो कौन देता।
यू अच्छा तो नही किसी चाँद को बदनाम करना सियाह
रातों में।

वैसे मेरे लिए इतना अज़ीज़ था वो।
मैं कह भी देता था उसको जान बातों ही बातों में।

हमे उनसे भी मुख़ातिब कराओ जो फख्र करते है अपनी
तरबियत पर अलताफ़
मैंने उनका लहज़ा चुरा लेना है बातों ही बातों में।

गर मिले फ़ुरसत तो आओ हमारे दर पर भी यार।
पहले तो हुस्न-ए-यूसुफ फिर बहुत से किस्से सुनाने है
सियाह रातों में।।

3. Real men don't cry

Every boy should read this.

Please read it once if you think men shouldn't cry. I have written it from a boy's point of view.

// Real men don't cry //

From the childhood itself, we have been taught,
To be powerful and strong,

No matter how much we suffer but
we have to hymme that fake masculinity song.

All over years, what we have told is
Behold your tears , Overcome your fears,

You are not a girl,
You have many responsibilities to bear.

These stereotypes sometimes let me down,
Along with the fake masculinity all around,

Behind the closed doors every man cries,
But on asking the same everyone denies.

I don't know what is wrong in crying our heart
out,
Its better than going to be depressed about,

As tears is not something which signifies
weakness,
Instead they made us even more strong ,filling
the voids of self doubts.

Whenever someone see tears in our eyes, they
say..
Shhh! Keep quiet, Real men don't cry.

Be a man suck it up!
As for you nothing is tough.

But who will tell them, we have emotions too,
Crying makes us weak is really not true,

We are strong but yet our feelings need to be
understand,
After all we are men and we cry too.

एम॰ जे॰ राइटर्स कम्युनिटी

©Aakriti Gaur

4. अविरल प्रेम

"सूने जीवन की इस पगडंडी पर
मिला जो क्षणभर साथ तुम्हारा ।
कर्ज रहेगा उम्रभर ,
वो अविरल अनिश्चल प्रेम तुम्हारा।।

निकल रही हो जब अंतिम साँसे ,
मेरे इस विरक्त हृदय से।
देखा पुनः नया जीवन
ये अविस्मरणीय स्नेह तुम्हारा।।
बिखर रही हो जब आशाओं की कमंद ,
समय के थपेड़ो से।
देखा पुनः नई नींव ये सकल विश्वास तुम्हारा।।

स्मृतियों के बाग में जब करती हूँ मैं तुमको याद
बंद करूँ इन पलको को चाहूँ हरपल तुमको पास।।

निद्रा टूटी आँख खुली जब ,
छाया एक अंधियारा।
स्वप्न था जो टूट चुका था वो अविरल प्रेम तुम्हारा।।"

©Malini Dhawan

5. Who am I?

In the world full of desires,
I only want to know what I really aspire.

For the world craves showoff of achievements
and goals,
All I want is to know my reason to exist and
my flaws.

Oh! you haven't got a job yet? oops so sad,
Oh! you have a job, but the pay is very bad.

All they care about is what you have,
Have we sat down for a bit to understand

what we don't have?

I want to know me,
I crave to know me.

Who am I to the world is something that does
not concern me,

Who am I to me is what exites me.

I am my own start,
I am my own story.

For the world tries to put me down,
Don't worry honey, for my success will be the
answer to all your doubts.

For who am I?
Is a secret for others and trust me you don't
want to start!

©Simran jotangia

6. अमर वीर

मेरा सनम बेवफा जरूर था पर मुझे इश्क सिखा गया,
करके वादे सात जन्मों के इसी जन्म में साथ छोड़ गया,

उसके कंधे के सितारे जिसके लिए वह पूरी दुनिया भुला
सकता था,
उन सितारों की चमक मुझे आज भी याद है,

सरहद से अकसर खत लिखा करता था मुझे,
इस बार आऊंगा तो तेरे संग ब्याह ब्याह रचा उंगा,

लाल जोड़े में लाल चूड़ी के साथ,
लाल सिंदूर के तेरी मांग सजाऊंगा,

और फौजी की दुल्हन बना तुझे अपने संग लेजाऊंगा।
उसके इन्हीं वादों को सच मान बैठी थी मैं

और इसी बीच भूल गई थी
एक फौजी है वो।
मुझे तो वह अपनी जान कहा करता था पर,

अपनी जान किसी और पर कुर्बान करने के लिए तैयार
खड़ा रहता था ।

हम तो अपने दिलो-दिमाग में उसका आशियाना सजाया
करते थे,

पर उसके दिल में पहले तिरंगा फिर मां बाप और फिर
जाकर कहीं हम आया करते थे।

एक हफ्ते से उसका कोई खत ना आया था,
मन में मेरे खौफ का साया छाया था,

फिर आठवें दिन उसकी बेवफाई रंग लाई थी,
कयामत तो तब आई थी जब उसके घर वालों ने पर्स में

उसके मेरी तस्वीर पाई थी,
मेरे पांव तले जमीन खिसक गई थी,

जब उसके शहीद होने की खबर मुझ तक आई थी,
ना जाने वह घड़ी कैसे गुजर गई होगी,

जब अपने कांधे पर उठाई एक बाप ने अपने बेटे की अर्थी
होगी,
ना जाने वह पल कैसे गुजर रहा होगा जब एक बाप अपने
बेटे की चिता को आग दे रहा होगा।

कुछ बात तो होगी उस मिट्टी में जो मेरी मोहब्बत मेरा
थी,
यूं ही मेरी जान ने अपनी जान की परवाह किए बगैर
अपनी जान ना दी होगी।

सुनकर ये खबर मैंने भी कसम खाई थी,
उसके नाम का सिंदूर तो ना लगा सकी मै,
अब किसी और के नाम की मेहंदी भी न रचवाऊंगी

राधा तो ना बन सकी में उसकी पर,
मीरा बनकर दिखाऊंगी,
मीरा बनकर दिखाऊंगी।

©Amit Kumar

7. नारी

जहाँ नारी ही करें...नारी का दमन

तो निश्चित है उसके,अस्तित्व का शमन

बड़ी वीभत्स,हो जाती है परिस्थिति

ना पा सकी अबतक,नारी शोषण से मुक्ति

क्यों अनवरत बढ़ रहा,आखिर ये सामाजिक रोग

अत्याचार सहती क्यों, वो मानकर संजोग

धन की लोलुपता ही, कराये ये व्यभिचार

जब गुणी सुशील भी पाए,सामाजिक तिरस्कार,

दहेज़ प्रथा कलंक है,इस समाज पर

आखिर क्यों सहे दंश...वो स्त्री होकर,

स्त्री भी तो एक, अनमोल धन है

उससे ही उत्पन्न, ये मानुष जीवन है

इस अभिशाप से, किसने क्या पाया

चंद टुकड़ो की खातिर, एक बेटी को सताया

मिलकर समाज में, बदलाव लाना होगा

थोड़ा जागरूक हो,एक दूसरे को जगाना होगा

बेटियों को करो शिक्षित,सिखाओ स्व-अधिकार

इस कुरीति से लड़ पाए, करे वो भी प्रतिकार

बिना भेदभाव करो,समानता का व्यवहार

उसका भी हक़ हो...पाए बेटी हर अधिकार

इस कुप्रथा को गर...दूर भागना है,

हर बेटी को स्वावलम्बी बनाना है

करने होंगे मिलकर सतत प्रयास

सजग हो बेटियां,जगायें उनमें आत्मविश्वास

8. मैं स्त्री का वजूद हूँ

मौजूद हूँ मैं हर कहीं,मैं हर कहीं मौजूद हूँ
नकारा जिसको सदा गया,मैं स्त्री का वजूद हूँ
मुझे और कुछ ना चाहिए,सम्मान की मैं भूख हूँ
मातम जिसे मेरे ज़न्म का,बस उसी बाप की चूक हूँ

कहीं वस्तु हूँ मैं उपयोग की ,कहीं भोग की कोई चीज़ हूँ
सीखा नहीं ये समाज जो,इकलौती वहीं तमीज़ हूँ

कुछ लोग मुझे है पूजते,चाहे मतलब से है पूछते
ये रीत के सारे ठीकरे,मुझपे ही क्यूँ है फूटते

तेरी नज़रों में उभार हूँ,फिर भी कितनी उदार हूँ
तेरी जीत में जो छुप गई,मैं वहीं कमबख़्त हार हूँ

जवाब किससे मांगू मैं,खुद ही में उलझा सवाल हूँ
चाहे भूत हो या हो भविष्य ,लोगों के लिए बस खाल हूँ !!

©Rahul yadav

9. Love Has No Gender

Little bit salty and a whole lot of sweet,
with lots of emotions this love complete.
Love has no single definition,
it just happens! Without any competition.

It's a beautiful feeling which sees no gender,
In love, the devil inside you will surely
surrender.
Fast heartbeats, butterflies fly in stomach,
true love comes from heart, not from luck.

It sees no caste and no religion,
this feeling of love cannot be hidden by anyone.
Every species has love in their heart,
you can't separate it as it's your life's important
part.

We humans created many stereotypes,
that divided this world and spread hate hypes.
Girl can love girl, boy can love boy,

Love is in the heart not sold as a toy.

Express your love and let it be pure,
hiding love in your heart is not a cure.
©Pragya Verma

10. पिता

पिता दो अक्षरों का मेल है,
एक शब्द में पूरा विश्वास है।

पिता अपने जीवन का महारथी है,
जो पूरे परिवार का सारथी है।

पिता एक जागीर है,

जिसके पास है वो अमीर है।
पिता दो अक्षरों का मेल है।

©Kavita Sharma

11. सुनो....

एक बात हमारे पापा ने हमेशा हमे थी सिखलाई ...जो
आज बहुत ही है,याद आई...भले ना समझे जमाना...तुम

खुद के साथ कभी ना दगा कर जाना...जो सही हो ...वहां
ना सुने कोई तुम्हे...तो बनता नही कोई भी अफसाना...

जहां गलत ना हो तो...वहां चुप मत तुम रह
जाना...तुम्हारी उपस्तिथि खलती हो जिस जगह...जिस
दिल को

भी....उनको अपनी खामोशी मुक्कर करके...वहां से खुद को
खुद ही तुम छोड़ जाना...
सुबह 4 बजे हर रोज़ का पापा का उठाना...और ...विद्या

और पढ़ाई की अहमियत को...हर रोज़ नए तरीकों से
आपका...वो हमको समझना...सब चुरा और लूट सके
तुम्हरा कोई...ज्ञान के सागर का कुछ भी बिगाड़ ना पायेगा
यह तो ज़माना...

आज जो मंज़र ज़िन्दगी से लिया है ,पहचाना...माँ का
सबक...हमे ,तो हर हाल में ही है बस निभाना...पर...

नम हुई आंखों से ...जब सारी हददों का पार हुआ खुद के
साथ हमने था पाया.....याद आया...पापा का हर वो

समझाना...जैसे झंझोड़ दिया हो रूह को मेरी...कैसे भूली वो
सबक जो दिया करता रहा...ऐसे ना जीने देगा ...बिटिया
...तुझे तो यह ज़माना....

इसीलिए...

हम गुरुर में नही ...जनाब...
अपने आत्म- सम्मान में ही..जो जिया करते हैं...पापा की
बात का अब मान ...जो रख लिया करते हैं...बस...उनके
सिखाये हर सबक को...ज़ेहन में बसा कर...आपकी

परवरिश का मान बढ़ाने को ही ...जी...
उनके सिखाये उसूलों पर ही
अब ...हम तो चला करते हैं...
अफसोस...

पापा, आज आप तो साथ नही..
सिर पे अब आपका वो हाथ नही...पर...

पापा...आपसे मिले संस्कार ही अब...
हमको संभाल लिया करते है...

पापा आपको ,अपनी हिम्मत से ...
हर सांस में महसूस किया करते हैं...आपकी बिटिया हैं

हम...

गर्व से हर पल हम तो यही कहा करते हैं...
गर्व से हर पल हम तो यही कहा करते हैं...

©Artti Khanddelwal

12. पिता - एक वरदान

कितना भी दुनिया में ढूढलो प्यार,
पिता से ज्यादा कोई कर नही पाएगा,

तुम्हारी ख्वाहिशों से लेकर तुम्हारी जिद तक,
तुम्हारी मांगें कोई और पूरी कर नही पाएगा,

पूरी उम्र निकाल देता जो तुमको ख़ुशी देने के लिए,
उससे ज्यादा कदर कोई और तुम्हारी कर नही पाएगा।

पिता का साया होना मतलब,
जीवन में खुशियों का होना।

तुम्हारे पैदा होने के पहले से ही,
उन्हें तुम्हारी ख्वाहिशों की चिंता होने लगती है।

हज़ारों गलतियां करने के बाद भी,
बिना मांगे माफी मिल जाती है।

तुम्ही बताओ क्या पिता की जगह कोई ले पाएगा,
क्या उनसे ज़्यादा तुमसे कोई और प्यार कर पाएगा?

पिता शब्द ही अपने में एक वरदान है,

जिनको मिले इनका साथ उम्र भर
वह इंसान भाग्यवान है।।

©Pragya Verma

13. Dad

It's your birthday and you are growing old,
You are already 47 but still shine brighter than
gold.

With every obstacle I faced you always had my
back,
And your necessary anger has always kept me
right on track.

We fight at times and disagree on each other
as well,
I LOVE YOU DAD to the extent I cannot even
tell.

So tonight we'll open a Bottle of Scotch and
have a drink or two,

Hold on to me cause there's a lot I've to learn
from you so that someday I can fill in your
Shoes.

©THAT GUY

14. माँ

माँ ने मुझे इस प्यारी- सी दुनिया से रूबरू कराया है,
और पापा ने कांधे पर बिठा मुझे दुनिया दिखाया है|

सुना है जब मैं आयी थी कुछ लोगों ने बोझ बताया था,
पर पापा ने मेरी ढाल बन हर मुसीबत से बचाया था|

बचपन से पापा को अपने अरमानों को भुलाते देखा है,
हमारी खुशियों के लिए अपने आंसुओं को छुपाते देखा है|

हमारे सपनों के लिए उन्हें दिन रात मेहनत करते देखा है,
पर घर लौटने पर सिर्फ मुस्कुराहट हीं पापा के चेहरे पर
देखा है|

मैंने पापा को मेरी कमियों में भी खूबियाँ बताते देखा है,
और मेरी गलतियों में भी हमेशा उन्हें मैंने अपने साथ हीं
देखा है|

मेरी हर परेशानियों से मुझसे पहले मैंने मेरे पापा को लड़ते
देखा है,
हाँ, मैंने मेरे जीवन में एक पापा जैसा रियल सुपरहीरो
देखा है|
©Shilpa Singh Rathore

15. पिता

कैसे बांधूँ लफ़्ज़ों में
कैसे मैं गुण-गान करूं
मेरे सिर पे हाथ है जिनका
उनको कोटि-कोटि प्रणाम करूं

चलना सिखाया पकड़ के उंगली
जीना जिसने सिखाया है
जीवन का भी सार बताया
अपना हर फर्ज निभाया है

साहस और धैर्य की जो इतनी पावन मूरत है
धरती पे भगवान हैं जैसे,इतनी सुन्दर सूरत है
हर मुश्क़िल से लड़ जाते हैं वो सर्व शक्तिशाली हैं
सिर पे साया है जब उनका,हम कितने भाग्यशाली हैं

त्याग,तप के आदर्श हैं वो
संघर्ष उन्ही से सीखा है
सर्दी,गर्मी और बारिश से
हँस के लड़ते देखा है

अपना सब सुख-चैन गवां के
जो परिवार की खातिर जीता है

संसार में इक शख्स ऐसा
होता केवल "पिता" है

जितना लिखूँ मैं सब थोड़ा है
कितना मैं बखान करूं
सिर पे हाथ है "पिता" का मेरे
उनको कोटि-कोटि प्रणाम करूं

©Balram Saini

16. पिता को भुल जाते हैं

हर पल उनके हृदय में पलता,समर्पण का एक भाव हैं
सबको साथ में लेके चलती जो, ये परिवार की वो नाव हैं

भगवान का रूप, विचारों से इतने सरल और सादे हैं
चाहतें अधूरी हैं,वर्ना कुछ कर गुज़रने के इनके भी इरादे है

दुःख के साये में,आखें तो इनकी भी नम हो आती हैं
पर इनकी कहानी,अपनों पे शुरू होके अपनों पे ही ख़त्म हो
जाती हैं

घर पे छत के समान,ज़िंदगी भर इनका हाथ हैं
ताउम्र थामे रहता जो हमें,आशीर्वाद रूपी इनका साथ हैं

कभी गुस्से में तो कभी प्यार से,हमारी ग़लतियों पर वो
समझाते है
उम्र के फ़ासले मिटाने को,कभी कभी वो बच्चे भी बन
जाते है

कितना कुछ किया हैं इन्होंने और वो निःस्वार्थ करते जाते
हैं
पर मातृत्व के मोह आगे,अक्सर हम पिता को भुल जाते हैं

17. HE IS MY MAGICIAN

He is a magician without any magic
There's nothing he can't do in the world,
He is a magician without any magic
Everything is possible for him in the world.

Emotions are not his cup of tea
He barely expresses himself,
He just does what he had to
Thus, his actions speak louder than himself.

Whenever I asked him for anything
He got me that,
Even though he had no money left
In his pocket until yesterday.

In this selfish world
I have seen selflessness,
It's my dad, I am talking about
He is the magician.

He doesn't carry any hat
Or any stick,
He just does magic
The tricks, nobody can predict.

He is my magician without any magic
There's nothing he can't do in the world,
He is my magician without any magic
Everything is possible for him in the world.

©Mansi Gyanani

18. पिता

जिसने अरमान, ख़त्म कर सब अपने
किया पूरा मेरा, हर इक देखा ख़्वाब है

मेरी हर इक खुशी और सुख, सुविधा की खातिर
जिसने दिन - रात कर मशक्कत, बहाया निरंतर लहू का
आब है

बस होने से जिसके, ये दुनियां है जन्नत मेरी
बिन तेरे मेरा हर इक दिन , जैसे दुखदाई कोई अज़ाब है

मैं लिख तो लूं , अगर कोई एक ही हो
पर मूझपे किए तेरे एहसानों का, ना होता मुझसे हिसाब है

है मेरा ये जीवन, इक सुंदर रचना तेरी
तूने यूं लिखा है मुझको, जैसे शायर लिखता किताब है

कैसे और किन शब्दों में, मैं शुक्र करूं उस रब्ब का
जिसकी रहमत से मिला तू मुझको , बनके उम्दा खिताब
है

यह दुनियां तो मांगे , की ' बंगा ' हो सफ़ल कहीं ना जाए
पर तरक्की मेरी जो खुद से ज़्यादा चाहे, केवल शख़्स वो

मेरा बाप है

माना की खो गया हूं , मैं इस दुनियां की भीड़ में
आपके लिए पर मेरे दिल में प्रेम है इतना, जिसको कोई
ना सकता नाप है

©Aman Banga

19. पापा

अब हाथ पकड़ कर कोई रास्ता दिखाने वाला नहीं है,
जिंदगी के चक्रव्यूह में फंस गया हूं,
पापा यहां कोई सही रास्ता बताने वाला नहीं है,
किससे करूं अपनी ख्वाहिशों की नुमाइश मैं,
अब यहां मेरी फरियाद सुनने वाला कोई नहीं है।

यूं तो तिरंगे से मोहब्बत आज भी है,
पर उसे हमेशा गर्व से लहरहता हुआ देखा था मैंने,
आज आपकी कफ़न पर देख डगमगा सा गया हूं मैं,
और कैसे लहराऊ तिरंगा दुश्मन की छाती पर,
इन बुजाओ में इतनी ताकत कहा से लाऊं मैं।

शहादत के दिन आपके, रोया पूरा देश था,
जनता में दुश्मनों के खिलाफ एक अलग ही आक्रोश था,
भ्रष्टाचारी नेताओं ने रो-रोकर भीगा लिया अपना रुमाल
था,
पर पापा सच बताऊं तो ये सब फरेब था,
अगले दिन ही भूल गया आपको आपका ही देश था।

रथ रोके जीवन का चौराहे पर खड़ा हूं,
सोचता हूं, अब आगे चल पाऊंगा कैसे,
बिना सारथी के अर्जुन बन जिंदगी की महाभारत,

जीत पाऊंगा कैसे,
पहले उदासियो में सहारा होता था आपका,
अब तन्हाइयो का सहारा ले जी पाऊंगा कैसे।

कोई मुझे चुप करता है तो कोई समझाता है यहां,
पर सीने में धधकती आग को बुझाऊं मैं कैसे,
जो खौल रहा है रक्त रगों में उसे शांत करूं मै कैसे,
पापा अब आप ही बताओ चुप हो जाऊ मै कैसे।

©Amit Kumar

20. सुनो

सुनो,
चार दिन की दोस्ती वाले इस जमाने में।
गर ताउम्र निभा पाओ तो इश्क़ करना।।

जहां सारी दुनिया चैटिंग और वीडियो कॉल करती है।
ऐसे में कोई खत मेरे नाम लिख पाओ तो इश्क़ करना।।

राधा ने और सीता ने जैसे श्याम और राम की बाट जोही।
वैसे कभी मेरा इंतजार कर पाओ तो इश्क़ करना।।

अधिकार तो सब ही जताते है प्रेम के नाम पर।
तुम मेरे अधिकार सुरक्षित रख पाओ तो इश्क़ करना।।

बातों का क्या है सब समझ ही लेते हैं।
मेरा मौन पढ़ पाओ तो इश्क़ करना।

कभी मेरी आंखों से समझ लेना तुम वेदनाएं सारी।
मेरी संवेदना बन पाओ तो इश्क़ करना।।

हाथ पकड़ना छोड़ना बड़ी बात नहीं है।
तुम हाथ मेरा थाम पाओ तो ही इश्क़ करना।।

देवता गर पूजना है तो मंदिर बहुत हैं शहर में मेरे।
तुम मेरे हमसफर,हमराज और साथी बन पाओ
तो इश्क़ करना।

विश्वास कर पाओ तो इश्क़ करना।
इस इक्कीसवीं सदी में,मेरा 90 के दशक का प्यार
समझ पाओ तो इश्क़ करना..।

सुनो,
गर ताउम्र निभा पाओ तो ही इश्क़ करना।।

©Upasana Thapa

21. Best Friend Forever

You are my entire world,
No matter from where I start,
I only come and stop at you,
I cannot go anywhere without you,
No matter the path I choose,
I only come and stop at you.
When I met you, my all sorrows vanished,
When I met you, I learned to smile,
When I met you, there came a drastic change
in my life,
When I met you, I found the bestest person in
my life.
You have taught me alot of things,
You have always pampered me to do the things
which I love,
You always supported me in my each and
every work.
When I met you, I got everything,
When I met you, I got the whole world,
When I met you, I got a hope,

When I met you, I learned to live,
When I met you, I found the God.
My day starts with thinking about you,
My day ends with thinking about you,
All the time I spent with you is very precious
memorable for me,
You are the only reason of my happiness.
When I met you, I got a best companion,
When I met you, my life changed fully,
When I met you, I learned to live
When I met you, I got a best companion,
When I met you, my life changed fully,
When I met you, I learned to live,
When I met you, I found the God.

©Diya saheta

22. Dowry

The harsh reality of the society
The harsh reality of our society,
Making every parents died,
For their daughter's happiness..

Making a parents loose their own land,
For seeing the smile in their daughter's face,
The whole life..

If can't,

Their daughter are beaten up by her in laws..
Saying "YOUR PARENTS CAN'T GIVE, THE
THINGS WE ASKED FOR, SO THIS IS THE
THING YOU WILL BE GIVEN FOR YOUR
WHOLE LIFE.."

This make the parents see their daughter's
dead body,
As they can't afford, what her in laws asked
for..

The society is blind in greed,
Which make them do this..
Dowry : the harsh reality of our society,

Made all the parents loose their lands,
If can't, then,
They loose their daughter's life.. ?

©Triparna Biswas

23. निर्भया अच्छा हुआ, तू मर गई

इस जालिम दुनिया में तेरा कोई काम न था
जो तुझपे न लगता ऐसा कोई इल्जाम न था
पर उन सारे इल्जामों से बचकर तू निकल गई
निर्भया !अच्छा हुआ जो तू मर गई ।

जो एक बार हुआ तुम्हारे साथ वो बार बार होता
तुम्हे लड़की होने का दुख हर बार होता
पर एक बार में ही सब दुखों की हद पार कर गई
निर्भया !अच्छा हुआ जो तू मर गई।

क्यों रहना वहां जहां बस हवस की भूख हो
जहां औरत का पर्याय बस शारीरिक सुख हो
पर अब महफूज है उधर ,तू जिधर गई
निर्भया! अच्छा हुआ जो तू मर गई ।

आज भी मरती है ,अभी जाने कितनी निर्भया मरेंगी
कोई खबर नहीं ये दुनियां असल में कब सुधरेगी
अच्छा हुआ तू खुद को खुद के हवाले कर गई
निर्भया! अच्छा हुआ जो तू मर गई ।

अब गई है पास खुदा के तो एक वरदान मांगना
इन दरिंदों के लिए थोड़ा ज्ञान मांगना
कि अब कोई गुजरे न उस हद से ,जिस हद से तू गुजर
गई
पर तेरे लिए निर्भया !अच्छा हुआ जो तू मर गई ।

©Khushi Singh

24. ज़हनियत

अंधेरो मे यूँ जो तन्हा घर से निकलती हैं
बस इसी वजह से लोगो की आँखो मे खटकती हैं
वो जो आज भी बद नजरो से देखी जाती है
हां जनाब वो आज भी एक लड़की है

कभी इसे देखने लोग कोठे पर जाते हैं
इनकी इज़्ज़त को पैसों मे गिनाते हैं
ये जो बड़े शरीफ बने फिरते हैं बाजारों मे
क्या ये अपनी माँ बहनों को भी वैश्या बुलाते है

अगर कोई हो जाए अलग समाज से
ये उन्हे समाज से बाहर निकालते हैं
जी हां आज भी लोगो की ज़हनियत में
लड़की - लड़को मे उलझे नज़र आते हैं

जब होता है किसी लड़की का जिस्म फरोश
ये बढ़ चढ कर बोलियां लगाते हैं
हम उस समाज का हिस्सा बने हैं शान
जो जहनियत के साथ खुद भी गंदे नज़र आते हैं

©Zeeshan Haider

25. अलख फिर नई सी जगानी पड़ेगी

अलख फिर नई सी जगानी पड़ेगी,
हमें युक्ति कोई लगानी पड़ेगी।

अगर चाहते हो सुखद अन्त अपना,
अभी से जवानी जलानी पड़ेगी।

धरो ध्यान धेनू धरा सम्पदा का,
धरोहर यही जो बचानी पड़ेगी।

रखो भान प्यारे जरा सभ्यता का,
मिटी जो मुसीबत उठानी पड़ेगी।

खड़ा है हिमालय अडिग ढाल बनके,
चढ़ाई करो जीत पानी पड़ेगी।

लड़ाई निडर हो करो जो समर में,
सुनो मात तुमको न खानी पड़ेगी।

सदा से हुई है विजय भारती की,
यही रीत अनु को निभानी पड़ेगी।

26. 2 AM Poetry

It's 2AM and I'm still awake
with a Cup of coffee and diary
figuring out my Life.

Time and things changed,
but not my heart.
I'm in search of my smile,
I lost in an ocean of thoughts.

It's been days and months,
I have kept buried in my heart.
It comes rushing to the surface
when someone ask how I am.
I wish to tell them
But deep down I know,
they don't actually care.

I'm drained of searching love from every
stranger I have come across.
I hate myself for
narrating my pain
I easily offend when people gives me a look of

sympathy.

And perhaps,
I remind myself I'm a fighter
not to give up.
With the same misery,
the next morning I woke up
There won't be any change in the facts,
I'll continue to face same tides.

©Jumailath shifana

27. मैं लिख रहा हूं

ला-ताईल मैं लिख रहा हूं
तू उसको ता-मंज़िल में लिख,
सब कमतर मैं लिख चुका हूं
तू उसको फ़ाज़िल में लिख।

आसान-तर मैं लिख रहा हूं
तू उसको मुश्किल में लिख,
दर-ए-माज़ी मैं लिख चुका हूं
तू उसको मुस्तक़बिल में लिख।

दरिया-ए-दर मैं लिख रहा हूं
तू उसको दर-ए-साहिल पे लिख,
उसको मैं दिल पर लिख चुका हूं
तू मुझको उस पत्थर-दिल पे लिख।।

©Vishwadeep

28. #Thekashmirfiles

दिल ते सेलुट है विवेक सर ने जिसने कश्मीर files बनाई
है !
1990 के दशक मे कश्मीर की एक एक घटना दिखाई है !
साहस करके कश्मीर पंडिता की दुःख भरी जिंदगी बताई है
!

कई बेघर होये थे , कई खून के आँसू रोये थे ! देहशत के
उस माहौल में किस तरिया राता ने सोये थे !
कुछ मारे गये , कुछ काटे गये , कुछ जलाये गये वो भी
तो इंसान थे !

कट्टरता की सारी हद पार करगे वो आतंकी के रूप मे
हैवान थे !
कश्मीर की वादिया मे आज़ादी के नारे थे , कोई कुछ नही
कर पाया था सरेआम कश्मीर पंडित मारे थे !

हम अपने ऐ देश मे रहके भी आतंकिया आगे हारे थे , पर
वे
कुकर अपना घर छोड़ देते उन्हें भी तो अपने घर प्यारे थे
!
उस टेम की सत्ता आले सारी हद पार करगे थे , धारा 370
के नाम पे झूठी राजनिति करगे थे !

सारी पॉवर होने के बाद भी आज़ादी के नारा ते डरगे थे ,
इस गंदी राजनीति के चक्कर मे कई मासूम हिंदू मरगे थे
!
आज का यूथ चैन की नींद सो रहया है , सेकुलरिज्म के
चक्कर मे पड़के अपनी जिंदगी खो रहया है !

योए टेम है कुछ कर दिखाने का , आपस मे जागरूकता
फैलाने का !
अपने हक की आवाज़ उठाने का , कश्मीर पंडिता ने इंसाफ़
दिलाने का !

©Rohit Dhankar

29. पिता हूं पत्थर नहीं........

हरपल कोलाहल में रहता था मन मेरा,
मैं सबको सन्नाटा सुनाता रहा,

आंखों में आंसू मेरे भी आते है,
मैं अपनी मुस्कुराहट से हरवक्त छुपाता रहा,

मेरी आंखों ने भी खुद के लिए खूब ख्वाब सजाए थे,
पर बेटे के ख्वाबों के आगे,

मैंने अपने ख्वाबों के पन्नों को जलाए थे।
अपनी गुड़िया का परी सा परवरिश किया था मैंने,

हर वक्त महलों में रहे इसलिए तो दहेज दिया था मैंने,
जरूरतें कभी कम ना हो उसकी,
यही देख तो कर्ज लिया था मैंने,

अपनी परी को अपने ही हाथों दुल्हन बना विदा किया था
मैंने।
मेरी जरूरतों के बारे में कभी किसी ने पूछा ही नहीं,
मुझे भी मां का दुलार चाहिए पिता का प्यार चाहिए,

कभी किसी ने सोचा ही नहीं,

शायद इसलिए क्योंकि मैंने इन बातों का जिक्र कभी किया
ही नहीं।
बच्चों के ज़िद के खातिर अपनी ज़िद का गला घोट देता
हूं,
किसी बात का गम ना हो उन्हें इसी सोच से तो जीता हूं
।

रह ना जाए परिवार का कोई ख्वाब अधूरा,
पूरी हो हर तमन्ना उनकी,
मैं यही दिलो जान से कोशिश करता हूं,

मोहब्बत मुकम्मल हो मेरे बच्चों का इसीलिए,
किसी गैर के पैरों में मैंने अपनी पगड़ी भी रख देता हूं।
दिवाली में दीप जले

©Amit Kumar

30. हवानियत की हद //
पात्र मैं हम और आप सब

कैसी थी इंसानियत मैंने तो देखि नहीं,
बच्ची मिली एक डूबती मैंने तो फैकी नहीं,

गले पर पट्टी बँधी और तैर रही थी पानी मे,
आवाज भी कैसे आती इतने गहरे पानी मे,

वही ये लोग है जो बाते करते बड़ी बड़ी,
आज पानी मे कल, कूड़े मे थी पड़ी मिली,

सभ्य है ये लोग इनकी सभ्यता महान है,
शैतान है ये कामो से और नामों से इंसान है,

जो भी किया कर्म उसका फल हमें मिलता है,
कोई जिन्दा डूबाये सोचो कितना दर्द मिलता है,

नजरों मे सबकी ये महान बन जाते है,
रात के अँधेरे मे बच्चीयाँ डूबाते है,

ये मिल जाये लोग मुझे करने सवाल है,
क्या मिलता ऐसा करके पहला सवाल है,

कभी मिला कोई ऐसा तो जान से जायेगा,
अंजाम चाहे जो हो भी फिर बच नहीं पायेगा,

कोई और मिला होगा उससे वो ना ऐसा कर पायेगा,
अपनी ही हाथो अपनी बच्ची कौन बाप डूबाएगा !!

©Himanshu Rana

31. अब ख़्वाब कहाँ

आंखों में अब ख़्वाब कहाँ
काँटे बचे हैं, गुलाब कहाँ

जो लम्हें कर बर्बाद दिए
अब उनका हिसाब कहाँ

दिल पूँछ रहा है गलती इसकी
अपने पास जवाब कहाँ

झूठ को मिलती शानो शौकत
सच को मिले खिताब कहाँ

माँ की गोद में मिलता है जो
जन्नत में भी वो सवाब कहाँ

ज़िन्दगी से जो बेहतर सिखाए
ऐसी यार किताब कहाँ

©Harry